This Book Belongs to:

____

Copyright © 2019 by Blank Comic Books Publishing

ISBN: 9781797767505

Farm Animals

C E D U W T D Z
G H Z U U R O N
O J I R C L N C
A E K C A K K P
T E S M K P E E
Y Z B R M E Y E
P E S U O M N H
G O O S E H B S

CHICKEN
DONKEY
DUCK
GOAT
GOOSE

HORSE
LAMB
MOUSE
SHEEP
TURKEY

Vegetables

```
B C A R R O T L G
R S I W S C E N H
O B T A J T Q R C
C H E U T P F O A
C P E U O Z F C N
O P C T Q R S W I
L E A K I R P A P
I T S N A E B S S
O L D I B E G Q O
```

BEANS　　　　　PAPRIKA
BROCCOLI　　　PEAS
CARROT　　　　POTATO
CORN　　　　　SPINACH
LETTUCE　　　SPROUTS

Fruit

```
S B L A K I W I O
H T A B A P G Y G
N W Z N P R L O N
A V O C A D O R A
R V K P I N N A M
E Z E U T W A N E
S S Y R R E B G L
Y R R E H C I E O
A P P L E D V Q N
```

APPLE

AVOCADO

BANANA

BERRY

CHERRY

GRAPES

KIWI

MANGO

MELON

ORANGE

Cats

```
W F R M N I H K
Y B E O I A U I
A B I L T L T T
L L B E I O K T
P D E A M N F E
U H V C T V E N
C P A N T H E R
D T R E G I T A
```

CHEETAH   PANTHER
FELINE   PLAY
KITTEN   TABBY
LION   TIGER
MILK   TOMCAT

Fish

```
C O D H I H S A D T
C H B J A A C A O W
A O K D L L E R A J
T T X M N H I N E O
F F O U E J U B U P
I N O K Q T G K U E
S N A P P E R R L T
H N T U O R T A H W
S V F Y Z L P H G X
G W W C W U B S B V
```

CATFISH
COD
HALIBUT
PERCH
SALMON

SHARK
SNAKEHEAD
SNAPPER
TROUT
TUNA

Feelings

```
A  L  W  E  N  C  C  H  S  D
U  U  T  O  W  J  A  F  E  W
Q  F  M  W  R  P  Q  V  D  W
J  R  C  L  P  R  E  M  N  U
O  E  S  Y  A  I  I  D  I  X
Y  E  B  K  L  C  A  E  K  D
F  H  Y  E  L  S  D  K  D  C
U  C  R  E  X  C  I  T  E  D
L  J  G  S  M  G  U  Y  N  J
B  G  S  S  O  R  C  L  N  G
```

CALM	JOYFUL
CHEERFUL	KIND
CROSS	RELIEVED
EXCITED	SAD
HAPPY	WORRIED

On the Farm

```
T S X D T S I I
R O C A S W E O
O I G P H T T A
U L H E Z I A M
G B A R D C G O
H T A E P L O W
M K E R Q E S W
E S Y Z N B T O
```

BARN   RAKE
GATE   SEED
MAIZE   SOIL
OATS   TROUGH
PLOW   WHEAT

The Environment

```
R E S O H S T T P E
E Y L B C E F O F C
U F Q C N E L U L U
S Z Q A Y L A E G D
E E L G U C A N S E
P P A T J N E N W R
F B I Y K F D R N N
X O C I T S A L P M
N D N A L T H I B U
P A P E R C C H I X
```

CLEAN
LAND
OCEAN
PAPER
PLANET

PLASTIC
POLLUTION
RECYCLE
REDUCE
REUSE

Christmas

```
P H K M C F R A S T
R S I T W E T A T N
E T G J U N M S A L
S H H D A T T D R S
E G G S S O V L Q S
N I N I C H O L A S
T L R K E S A I N T
S H I H P L O D U R
C N K K H O S P X V
G R A L D K J F N L
```

CHRISTMAS   SAINT
LIGHTS   SANTA
NICHOLAS   SLEIGH
PRESENTS   STAR
RUDOLPH   STOCKING

Mammals

```
W  L  I  Z  E  C  J  H  F
F  H  A  M  S  T  E  R  I  G
S  S  L  K  D  C  L  P  O
E  B  K  R  D  E  H  P  H
A  U  M  G  U  L  E  O  E
L  H  T  O  L  S  A  R  G
R  E  T  A  E  T  N  A  D
L  D  M  S  K  U  N  K  E
W  A  B  D  Y  S  P  N  H
```

ANTEATER	LLAMA
DEER	SEAL
HAMSTER	SKUNK
HEDGEHOG	SLOTH
HIPPO	WALRUS

Farm Animals 2

```
S  J  E  X  B  K  M  V  S
K  T  J  S  F  O  R  O  H
C  S  A  B  E  O  A  E  E
A  S  B  L  O  E  E  R  E
T  V  F  S  L  V  G  A  P
K  C  T  U  I  I  N  M  D
A  E  S  H  X  L  O  O  O
R  S  K  C  I  H  C  N  G
C  A  L  F  R  M  N  D  N
```

BOAR	HIVE
CALF	MARE
CAT	ROOSTER
CHICKS	SHEEPDOG
GEESE	STALLION

On the Farm 2

```
W D L E I F M P L L
C O Z K T T T O L L
P Q R N L R W U I E
Q R T C A I D L M B
E X O C E R M T D K
X S T D A R Q R N M
A O H H U H A Y I T
R Z C K D C V C W E
Z R I V K O E W S M
O C D P A S T U R E
```

BELL	POULTRY
FIELD	PRODUCE
MILK	SCARECROW
ORCHARD	TRACTOR
PASTURE	WINDMILL

Vegetables 2

```
E C C H O E L E E K
N G I I L R S J S C
O F G A L Q B U S A
I T K P U R G N R B
N J S A L A A E J B
O T S J R A C G E A
O H C A J C N X K G
Z E P C Q Z K T E E
L S C U C U M B E R
A Y R E L E C V I F
```

ASPARAGUS	GARLIC
CABBAGE	KALE
CELERY	LEEK
CUCUMBER	ONION
EGGPLANT	SQUASH

Fruit 2

```
L E M O N I L N M L P
W L P Z Q H G I M R I
P R R L C N P S V K N
T R A A U M E I D C E
Z O E S V M A A O Y A
M P C N P I R R E J P
J O Q I W B G R Z Y P
W A T E R M E L O N L
C M Y D N P F R X D E
N I R A D N A M R I X
T Y T B A Z H Q C Y X
```

APRICOT

LEMON

MANDARIN

PEACH

PEAR

PINEAPPLE

PLUM

RAISIN

RASPBERRY

WATERMELON

Dogs

```
L N U B E X B A G W
X I E S E O E R R C
V F A D N N E C W R
B H I E L Y K L A W
C Q E D H O L H W C
E J M O O B G C B E
A U U V W Y F T A J
L N T R I C K E R E
D Z U C O Y S F K Y
R E I R R E T K K L
```

BARK
BONE
CHASE
FETCH
FIDO

GOLDEN
GREYHOUND
TERRIER
TRICK
WALK

Exercise

```
S L L A C R O S S E S S
I L G S A X V T J G C U
F A E H O Y Q C U I D B
Z B V E L C H F T U Y C
A T N G H T C S P M U J
H E U M R W A E T Y L K
O K X G I N T E R S F N
C S U W M W N R O Z Q U
K A A Y E N S D A T D R
E B G G I Z D U W C E P
Y J M S L T Q X A X R N
B C K L B A Z D B A E Y
```

BASKETBALL	LACROSSE
CARTWHEELS	RUN
GYMASTICS	SOCCER
HOCKEY	SWIM
JUMP	TENNIS

Clothes

```
S O T U F T S W T S
N E G A E N T B K K
P Q S K H D R L E I
K A C S R P O W D R
Z A N E A S H I R T
J V S T P L S F M H
I S O V S L G U V H
S E O H S I K F U L
S R E P P I L S U M
D F C P U M Y J Q M
```

DRESS
GLASSES
HAT
JACKET
PANTS

SHIRT
SHOES
SHORTS
SKIRT
SLIPPERS

Time

```
C J P K M M X I S H
P A Z F I W S U E T
H S L N K C O L C N
X C U E Y C C U O O
C T T R N E R J N M
E A U A L D A S D H
L O R P W A A R X D
H K F V B Y O R I F
D E H G O M Y R J E
Y X H T C W E E K U
```

CALENDAR   MONTH
CLOCK   SECOND
DAY   WATCH
HOUR   WEEK
MINUTE   YEAR

Countries

```
B H I N A P A J A
A M E R I C A I Y
E D X N H Z L N G
C R A I G A C E O
N U N N R L R G O
A A X T A M A Y N
R V S E A C A N R
F U I N D I A J D
A W Y O C I X E M
```

AMERICA
AUSTRALIA
CANADA
CHINA
ENGLAND

FRANCE
GERMANY
INDIA
JAPAN
MEXICO

School

```
S B K N U R L C
U R E Y E U I K
K P O S B L C S
R O A S Z E N E
Z R O P S R E D
E T T B E I P S
M A R K E R C C
K L A H C T B S
```

BOOK   PAPER
CHALK   PEN
DESK   PENCIL
ERASER   RULER
MARKER   SCISSORS

School Activities

```
Y Y S D T S C E
O L A P T S W C
Y E B F O M R N
R A A M A R I E
V R L T E F T I
C R H P I S E C
Z I U Q K J S S
L I S T E N Q A
```

ASSEMBLY	QUIZ
CRAFTS	READ
LISTEN	SCIENCE
MATH	SPORT
PLAY	WRITE

Insects

```
B N L T X S H C S R R
U U D I S K L R T Z T
U W T E A A S I N L I
T S E T D N Z C A N Z
U B H Y E Y S K T O K
Y G B W O R M E V D W
E U K Z E B F T D A Y
G E L T E E B L S S C
Z I W C Z W X P Y L H
Q A C C I Y T D J U O
Y V X P F Z P Z R G Y
```

ANTS	LADYBUG
BEES	SLUG
BEETLE	SNAIL
BUTTERFLY	WASP
CRICKET	WORM

At the Park

```
E V C S K A B S
O I T T B I W K
P J E O N A H Y
E A H N T L G E
E E T E D I L S
K D R H W T O N
A B F T R O C K
L M Z K D Z V X
```

BIN
LAKE
PATH
ROCK
SKY

SLIDE
STONE
TREE
TWIG
WATER

Colors

```
H V A Q U A E E
I I N E E R G T
W O L L E Y N I
R L K G R E A H
N E N C U F R W
K T D L A X O B
R W B X Y L V O
P U R P L E B V
```

AQUA
BLACK
BLUE
GREEN
ORANGE

PURPLE
RED
VIOLET
WHITE
YELLOW

Languages

```
U G W T R F I L D W H N
C F C I S T R O P L I A
Y K R K A M E E P R N I
A J H L Y N N Y N K D S
J J I B H H G S R C I S
W A A Z P S L I C W H U
N Q O P T F I A M X C R
G E R M A N S N M V C E
H L E J S N H O A C D J
P O R T U G E S E P Y C
E S E N I H C S V H S K
J J W N P A F W E X R S
```

CHINESE
ENGLISH
FRENCH
GERMAN
HINDI

ITALIAN
JAPANESE
PORTUGESE
RUSSIAN
SPANISH

Reptiles

```
C Y X B U S U T E B
O U G U K A O L C H
B L P I N R I B H D
R V N A T D I R A R
A K U O O T F X M A
B G I C S N A K E Z
I S O P T J U E L I
E R O T I N O M E L
C A L L I G A T O R
Z Z A P V G Z P N N
```

ALLIGATOR   LIZARD
CHAMELEON   MONITOR
COBRA   SKINK
CROCODILE   SNAKE
IGUANA   TORTOISE

Amphibians

```
G Y V D R O T R S S
O P T R S A A D A W
R L N R D D J S L I
F E H P A G V U A M
G G O O E W O L M N
F L T N E W T K A P
E D E T T O P S N H
Z S H U M H R H D M
U D J D O B S Q E N
R S K P I C Z Z R N
```

FROG
HOP
JUMP
NEWT
SALAMANDER

SPOTTED
SWIM
TADPOLE
TOAD
WARTY

Shapes

```
C G C K E Q P R C F
J U I U L Q E Y I T
A T B E G D U C R E
E F W E N D Z O C L
V V Z I A D M N L T
T E L L I P S E E T
X Y U E R A U Q S O
C K O E T G M A T B
H E A R T R E L F H
L L Y D B I K U C J
```

BOTTLE	ELLIPSE
CIRCLE	HEART
CONE	KITE
CUBE	SQUARE
CYLINDER	TRIANGLE

Body

I X T E Z V O U
D O V P A B C S
E S O N O R D E
M O U T H N S U
S V L E A E T G
Y G Y H M C E N
H E E R T K E O
S K A L G F F T

ARM	LEGS
EARS	MOUTH
EYES	NECK
FEET	NOSE
HANDS	TONGUE

School 2

```
N E E T N A C N L W Y P
J M E R N A V E H V R E
T X U M J D Z I M E A N
N W K C P H T Z S E N G
E K I U F E E A K R O L
D R A O B K C A L B I I
U M Y O S L B L R S T S
T S A U I O T P C W C H
S R P C R E C E S S I O
D L N O T E B O O K D A
A E P C R Y Q O T M V X
P L N T K T B K Y H L W
```

BLACKBOARD
CANTEEN
DICTIONARY
ENGLISH
NOTEBOOK

PENCILCASE
RECESS
SPORT
STUDENT
WHITEBOARD

Weather

Z Q N S L C P G T X
R Z R R T V D S H U
M R O T S N S U W K
D T W E I I Z N A S
K J S W A A L F O G
Y R D O C R Q W E W
S H E L R S X Y W U
D H O Y K F H E A T
M U O Y N S W P J R
D V I F D T B E H G

CLOUD
DRY
FROST
HEAT
RAIN

SKY
SNOW
STORM
SUN
WIND

Insects 2

```
S K Y F Y S C S X C V
I I X L S T I C K O U
F J L O F L V J Y C E
F L U V K E T F Z K E
D D E W E E R Z M R T
V D O A N R E I K O I
H R M R Y K F D F A M
M J O J G L Y I G C R
I H T O F B D K S H E
Q W H S C T J W U H T
O T I U Q S O M J L F
```

COCKROACH
FIREFLY
FLEA
HORNET
MOSQUITO

MOTH
SILKWORM
SILVERFISH
STICK
TERMITE

At the Park 2

```
N U H X Y T W S S P
U I C S S Z W L H A
G I A E U O M A R M
D R R T O B C M U F
V O A D N H M I B Q
F A S N R U Q N Q D
B R I D G E O A E R
H C N E B E E F O W
C L E Y G D R G T Y
D G A Q R W Q R J P
```

ANIMALS   FOUNTAIN
BENCH   MAP
BRIDGE   RANGER
BUSH   SHRUB
FOREST   WOODS

Seasons

```
T S W L W C N P F
R R A B T M O A E
Q E R J U P L L U
R Y M T C L R T D
P J U M W U E O Z
Y A S T U O T H F
B N I A R S N E I
S P R I N G I S Y
V Z P J E S W R V
```

AUTUMN	SNOW
COLD	SPRING
FALL	SUMMER
HOT	WARM
RAIN	WINTER

Medieval

```
E Z J D G E W K S C H J
H G X V C S G L S A W O
W R D N I A G A E D K K
Y Q I I C M E M C S H E
Q R X R R G B U N T E R
P U O L T B F N I A E F
V W E P S O W B R O K Z
N Y Y E G E V A P M J W
Z X V N N D M R M B K
C A S T L E I D C D P V
C Y F F A T S K X I K U
K D M C E C B N S D D V
```

CASTLE

CROWN

DRAWBRIDGE

JOKER

KING

MOAT

PRINCE

PRINCESS

QUEEN

STAFF

Music

```
O D R M G R T V
L R C Y A E E I
L U I T P C N O
E M I I L O I L
C U A A Z R R I
G N P C P D A N
O J N A B E L T
F L U T E R C T
```

BANJO · FLUTE
CELLO · GUITAR
CLAP · PIANO
CLARINET · RECORDER
DRUM · VIOLIN

Dance

```
A B A T Q D W B
G A L S J A A L
N L U C L L U I
O L H T L A N M
C R Z E I Q S B
I O T D I S C O
L O A H C A H C
B M O G N A T Z
```

BALLET   HULA
BALLROOM   LIMBO
CHACHA   SALSA
CONGA   TANGO
DISCO   WALTZ

Countries 2

```
C R D C S I J I F
M O N O I A Y W W
D N A L N E E R G
X C L O G H A Y A
P H I M A A G L I
I I A B P I D A S
J L H I O T V T S
D E T A R I O I U
Y G R E E C E U R
```

CHILE	HAITI
COLOMBIA	ITALY
FIJI	RUSSIA
GREECE	SINGAPORE
GREENLAND	THAILAND

Math

```
T B D U O T S N
P C J I I R O G
A P A M V I E G
I A E R T I D Z
R S M C T O D X
S U A S P B A E
S R S N E T U G
F N U M B E R S
```

ADD
DIVIDE
FRACTION
NUMBER
PAIRS

SUBTRACT
SUM
TENS
TIMES
ZERO

Furniture

```
Z C N J Y U U W D A
C N V C P D U F R W
R I A H C M E R A B
T E L E V I S I O N
R U G P E B X D B E
B E M V T L G G P V
W A R D R O B E U O
L M M M O J J A C D
T N F Z G G N W T K
E V A W O R C I M L
```

CHAIR

CUPBOARD

FRIDGE

LAMP

MICROWAVE

OVEN

RUG

TABLE

TELEVISION

WARDROBE

Food

```
S E C R D P T T U C
E C K H A A D A H E
L I F S E S E C U R
B R T M V E I R A E
A A W R B W S N B A
T T W F D L C E S L
E D F N T I U R F K
G H A N O O D L E S
E S H O I D C G D C
V N L L S B R J L W
```

BREAD
CEREAL
CHEESE
FRUIT
MEAT

NOODLES
PASTA
RICE
SANDWICH
VEGETABLES

Drink

```
S R W A T E R H
G H P Z E J H S
A U A F U U C A
C D F K S I Z U
T O O T E C E Q
C W R S H E A S
L A K L I M E R
W A C F Y R T D
```

COFFEE   SODA
CUP   SQUASH
JUICE   STRAW
MILK   TEA
SHAKE   WATER

Vacation

```
N N A I R P O R T A V T
O E W C V I D O Y Z H L
I A E G A R U Y V A B U
T X D W I R Y A N L D G
A R T V O A A K H Q A G
C J E W D L S V X N F A
A M A I R G L N A Q J G
V D L R I K C A P N Q E
K O N V P X P X H N E C
H A I W K X K M H Z A E
X N H X H N A I Q V E X
G S A M T S I R H C X F
```

AIRPORT
CARAVAN
CHRISTMAS
DRIVE
HALLOWEEN

HOLIDAY
LUGGAGE
PACK
THANKSGIVING
VACATION

Toys

```
W P N W I H O S
S L I D E Y B J
D N E T E R P T
P U Z Z L E Y I
E L T T A R D B
G N I W S Z D B
J L H O U S E A
B A L L O D T R
```

BALL
DOLL
HOUSE
PRETEND
PUZZLE

RABBIT
RATTLE
SLIDE
SWING
TEDDY

Mammals

```
E C V D N O M E
E L P O A T O F
O L E L M T N F
N W A P U E K A
I O V H H R E R
H L M I W A Y I
R F W N B B N G
N O O C C A R T
```

DOLPHIN OTTER
ELEPHANT RACCOON
GIRAFFE RHINO
HUMAN WHALE
MONKEY WOLF

Herbs and Spices

```
A R R B C N Y E Z
G O S E X H M I C
E S A S P Y I I C
M E L I H P N L V
T M T T F N E Y I
U A E O A P S P L
N R U M B A S I L
L Y O U G O T A C
W N Y E L S R A P
```

BASIL
CHILI
CINNAMON
NUTMEG
PARSLEY

PEPPER
ROSEMARY
SAGE
SALT
THYME

Bed Time

```
H S U R B H T O O T
R S T O C S W A O E
E N A Y M O M O B K
S A R M L S T A E N
T S R L A H L X E A
Z K I Q P J B E Q L
Y P W A J E Y D E B
O T S N D L L P Y P
T T S H E E T S T S
E N Y K K D T M U D
```

BED
BLANKET
COT
PILLOW
PYJAMAS

REST
SHEETS
SLEEP
TOOTHBRUSH
TOOTHPASTE

Treats

```
L F S G A R H I G
M E X U E D C D N
H H M G N E O C I
V O R A C D H S D
E U T R R I A K D
B M E D P A S E U
L A Z S O R C E P
M T U N H G U O D
C O O K I E X K L
```

BURGER	HOTDOG
CARAMEL	ICECREAM
CHIPS	PUDDING
COOKIE	SODA
DOUGHNUT	SUNDAE

Birthdays

```
C F T G J F L D C O
T A J J U I G A A C
Q V K N K U V T N S
Z K U E E L D E D E
P R E S E N T S L M
C J T T B B P F E A
Q S Y A R O O H S G
N O I T A T I V N I
R Z G I F T S S O Y
H M L C U H F I T Y
```

CAKE
CANDLES
DATE
FUN
GAMES

GIFTS
GUESTS
HOORAY
INVITATION
PRESENTS

Halloween

```
J R Z L H X O G E L U B
G E U R B F I T F C I T
R I Q K U K A N Q O A S
B C H R W L O I N M J O
D R T C O S T U M E S H
T W I C W L Q T G C P G
D A O K C I R T A L I Z
R H E T C R Z N S L D I
C Q N R Z E D A U D E D
F Q S X T Y T O R W R X
Z W I T C H H Q A D H Q
U R D P K G M U Y V X P
```

CANDY	SPIDER
CHOCOLATE	TREAT
COSTUME	TRICK
GHOST	WITCH
GHOUL	WIZARD

Solutions

Farm Animals

Vegetables

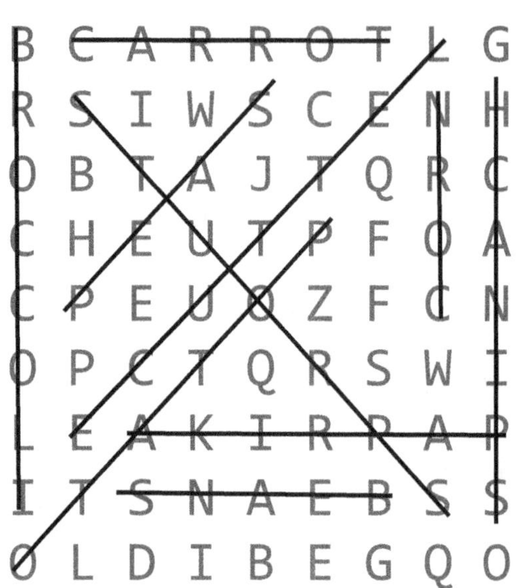

Fruit

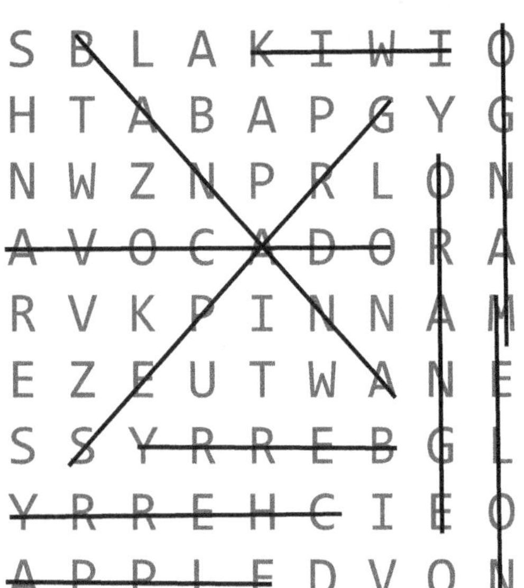

Cats

Fish

Feelings

On the Farm

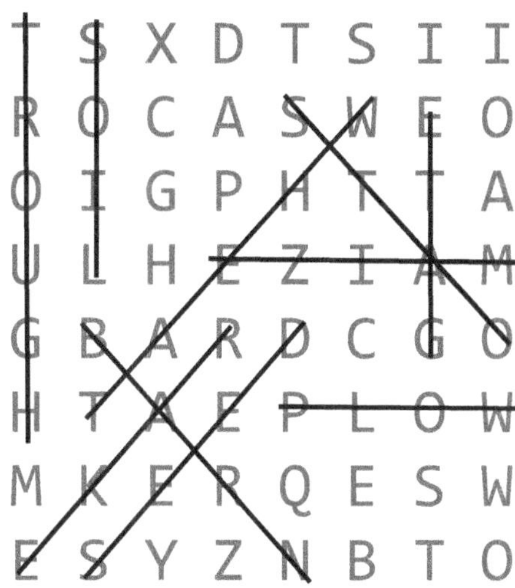

The Environment

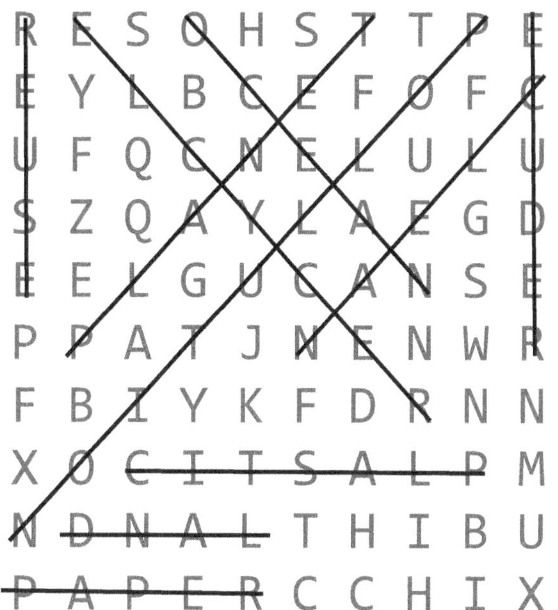

Christmas

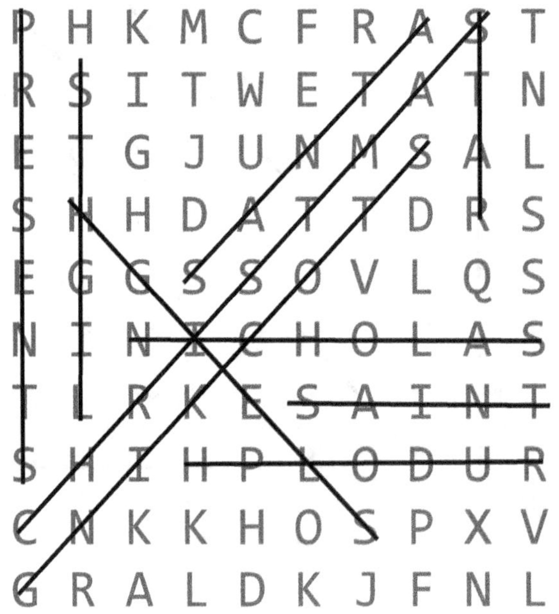

Mammals

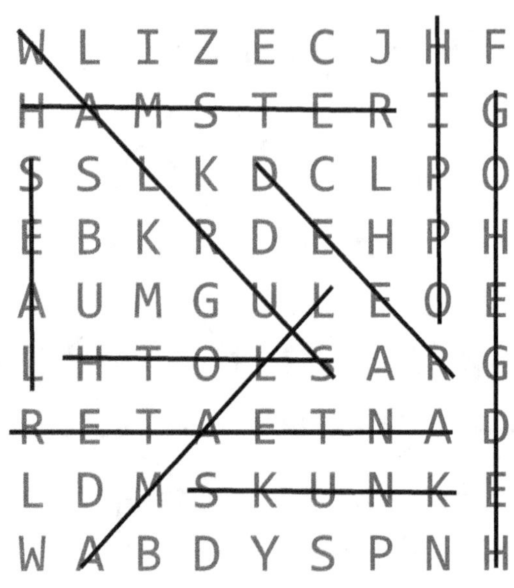

Farm Animals 2

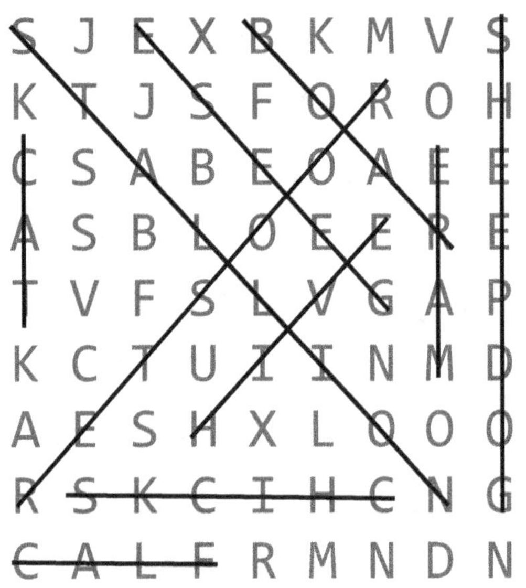

On the Farm 2

Vegetables 2

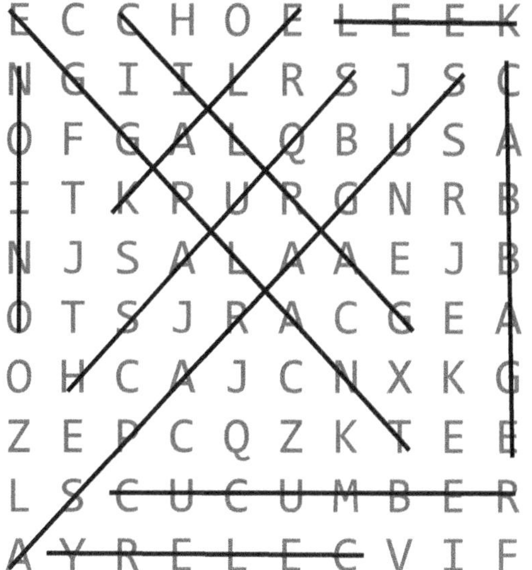

Fruit 2

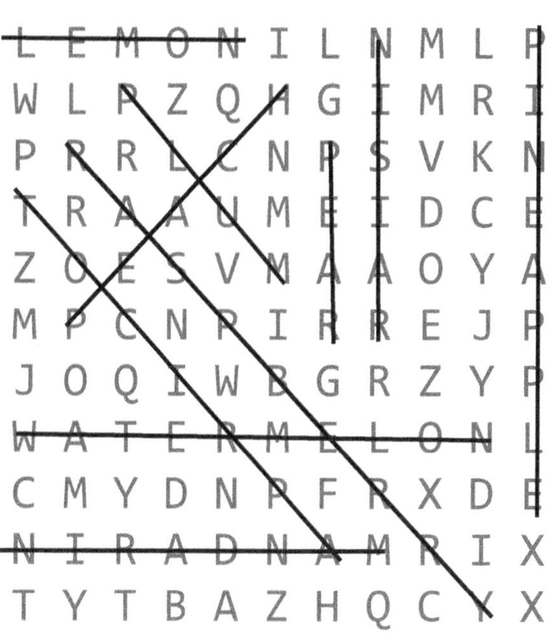

Dogs

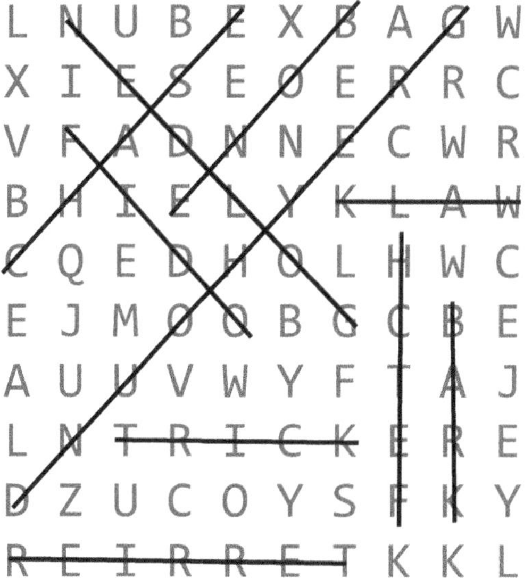

Exercise

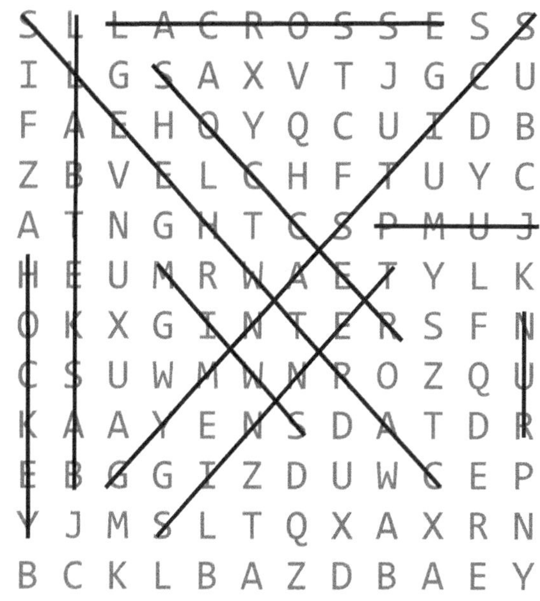

Clothes

Time

Countries

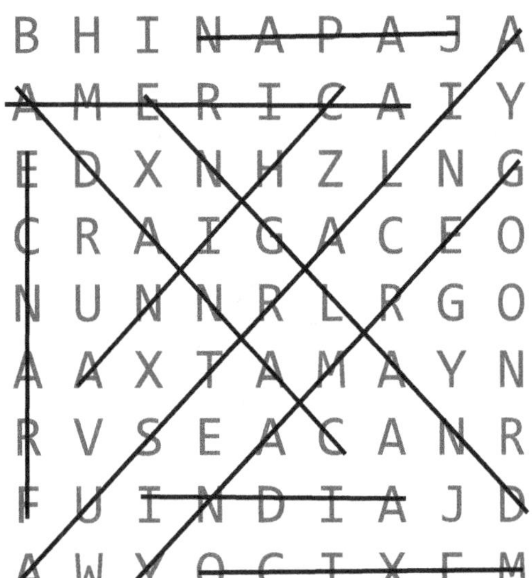

School

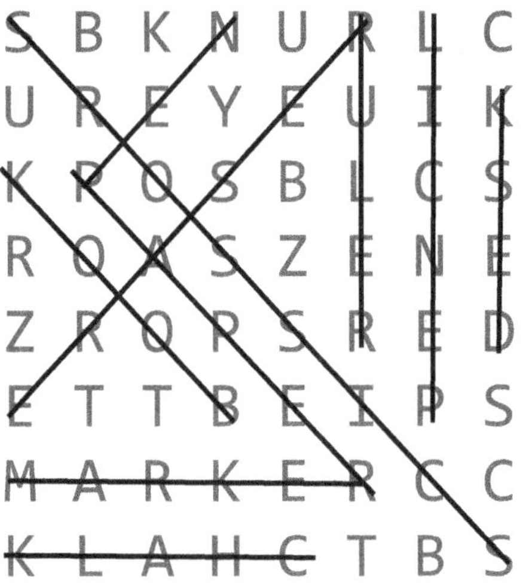

School Activities

Insects

At the Park

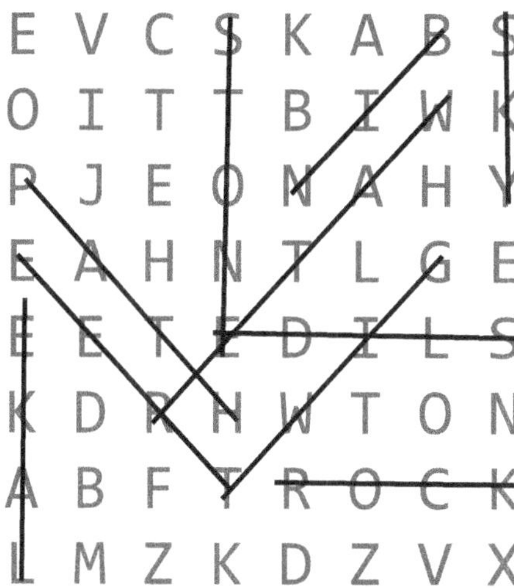

Colors

Languages

```
U G W T R E I L D W H N
C F C I S T R O P L I A
Y K R K A M E E P R N I
A J H L Y N N Y N K D S
J S I B H H G S R C I S
W A A Z P S L I C W N U
N Q O P T F I A M X C R
G E R M A N S N M V C E
H L E J S N H O A C D J
P O R T U G E S E R Y C
E S E N I H C S V H S K
J J W N P A F W E X R S
```

Reptiles

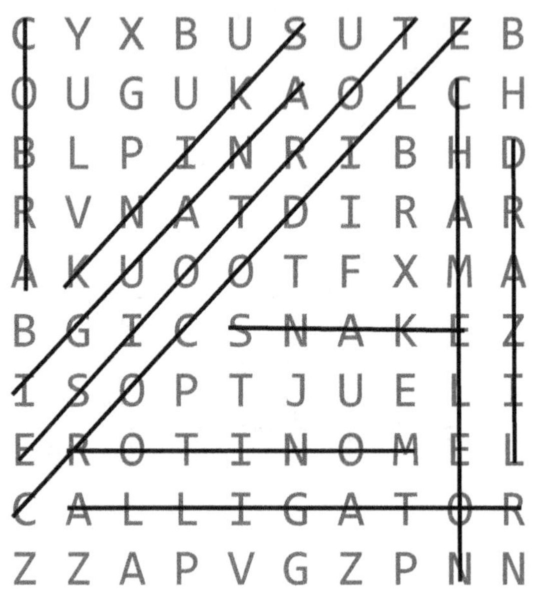

```
C Y X B U S U T E B
O U G U K A O L C H
B L P I N R I B H D
R V N A T D I R A R
A K U O O T F X M A
B G I C S N A K E Z
I S O P T J U E L I
E R O T I N O M E L
C A L L I G A T O R
Z Z A P V G Z P N N
```

Amphibians

```
G Y V D R O T R S S
O P T R S A A D A W
R L N R D D S L I
F E H P A G V U A M
G G O O E N O L M N
F L T N E W T K A P
E D E T T O P S N H
Z S H U M H R H D M
U D J D O B S Q E N
R S K P I C Z Z R N
```

Shapes

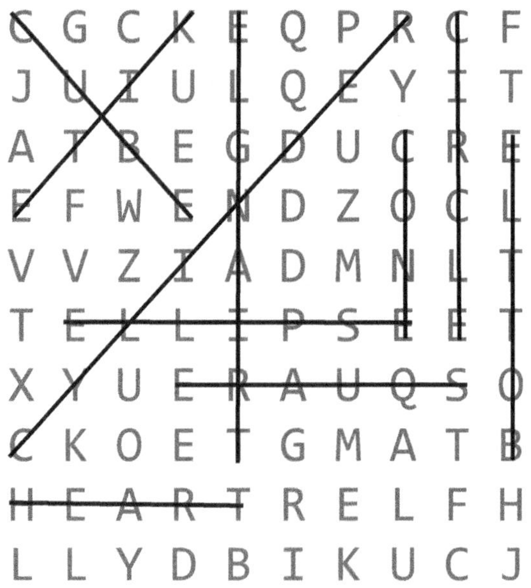

```
C G C K E Q P R C F
J U I U L Q E Y I T
A T B E G D U C R E
E F W E N D Z O C L
V V Z I A D M N L T
T E L L I P S E E T
X Y U E R A U Q S O
C K O E T G M A T B
H E A R T R E L F H
L L Y D B I K U C J
```

Body

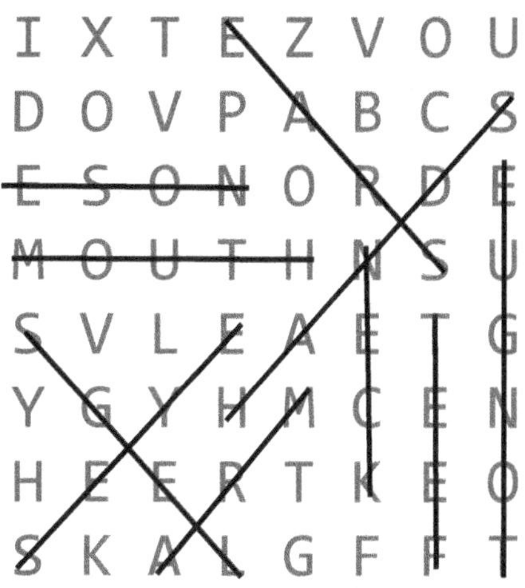

School 2

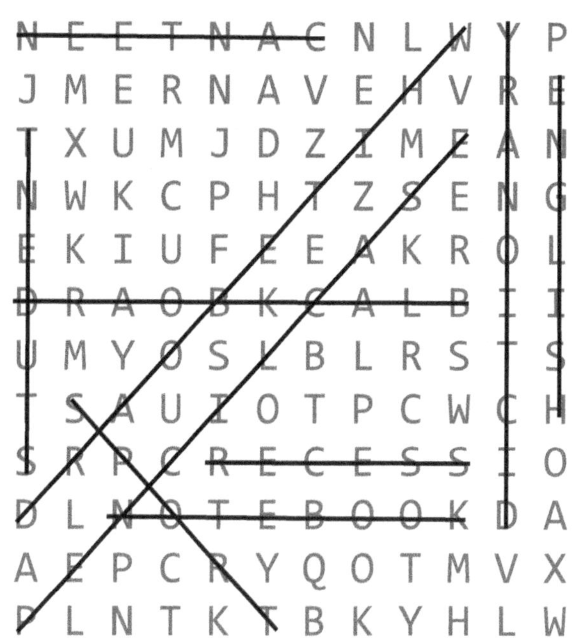

Weather

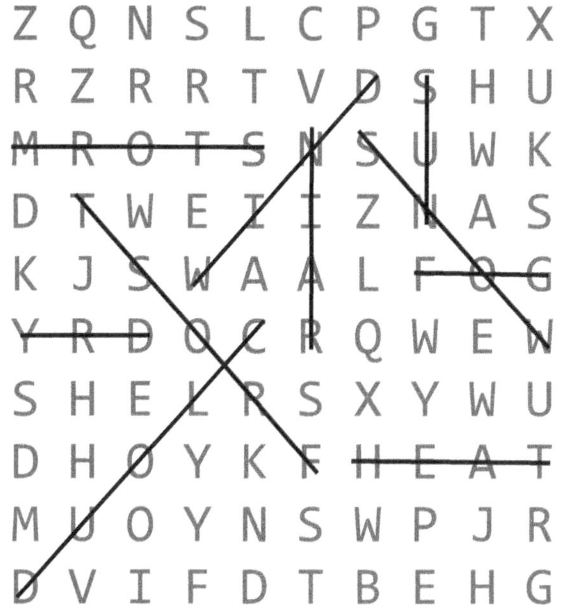

Insects 2

At the Park 2

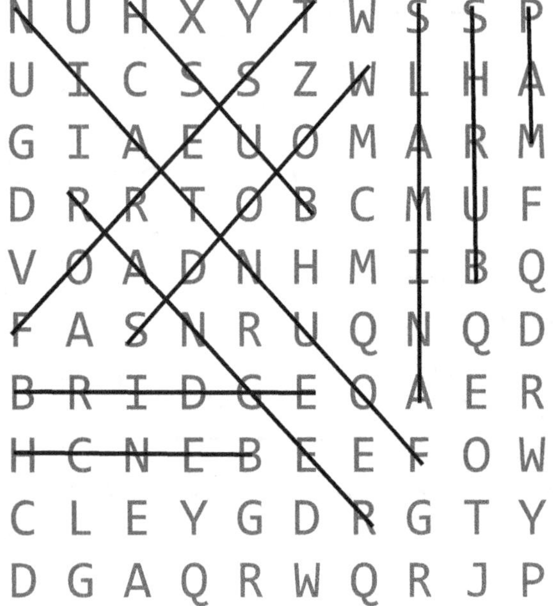

Seasons

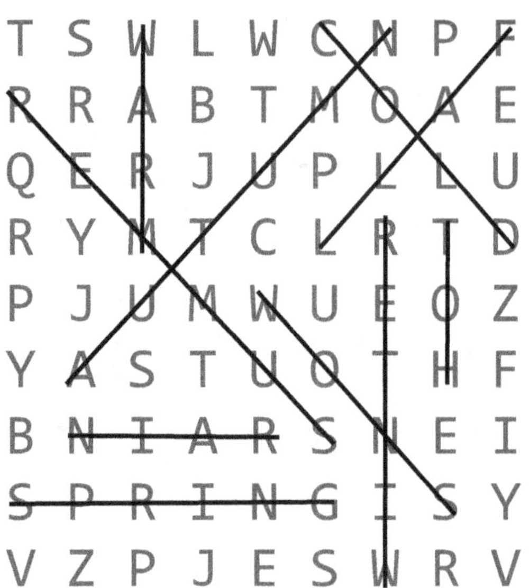

Medieval

Music

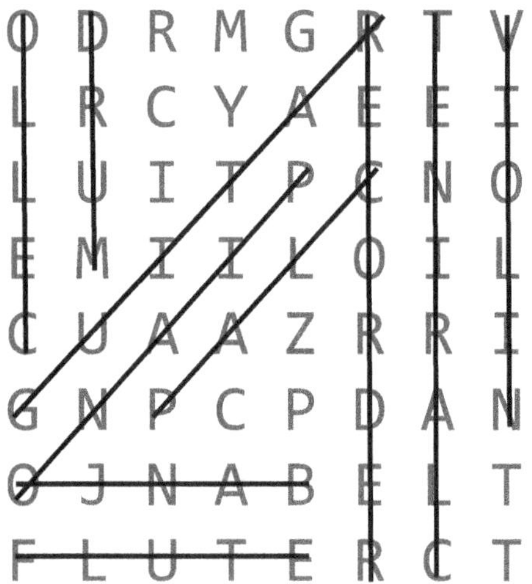

Dance

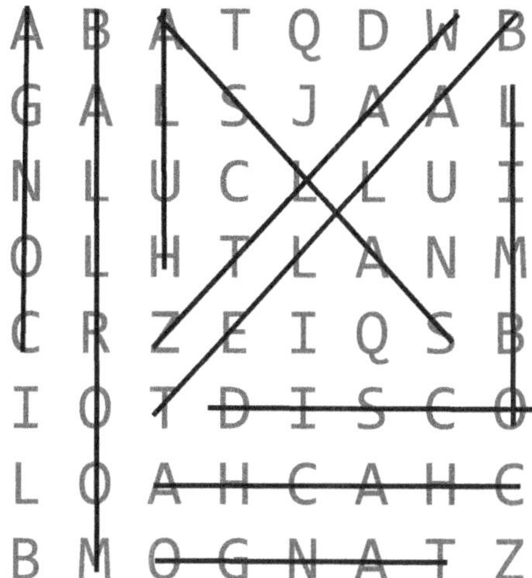

Countries 2

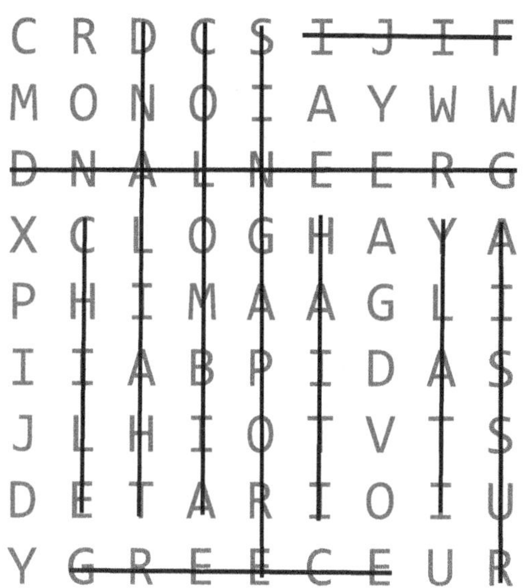

Math

Furniture

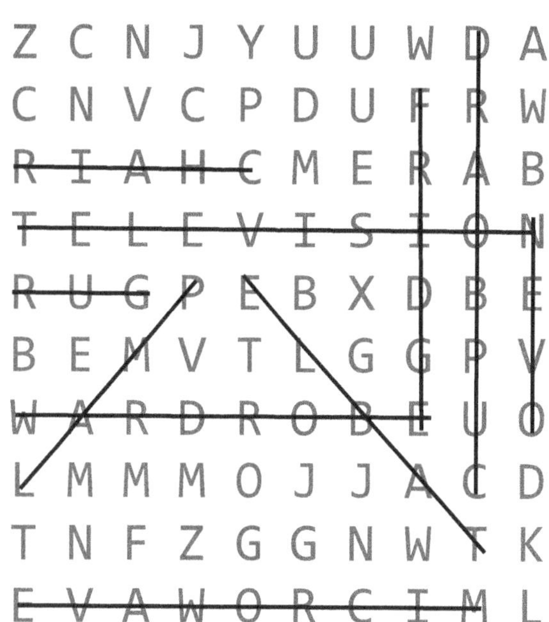

Food

Drink

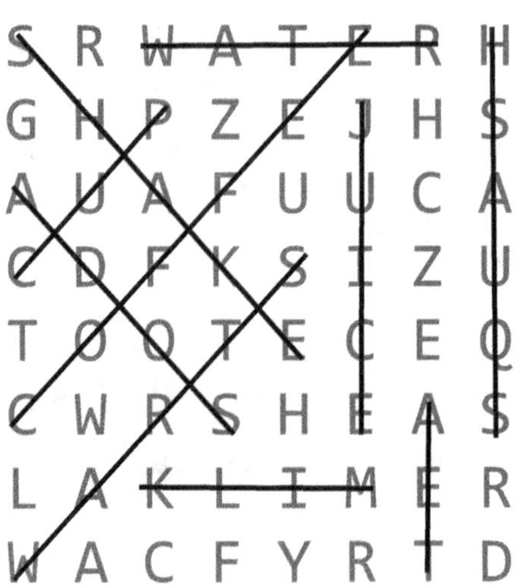

Vacation

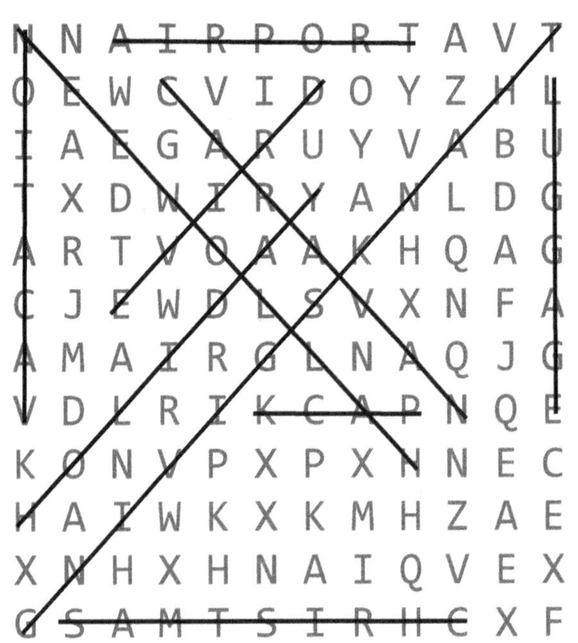

Toys

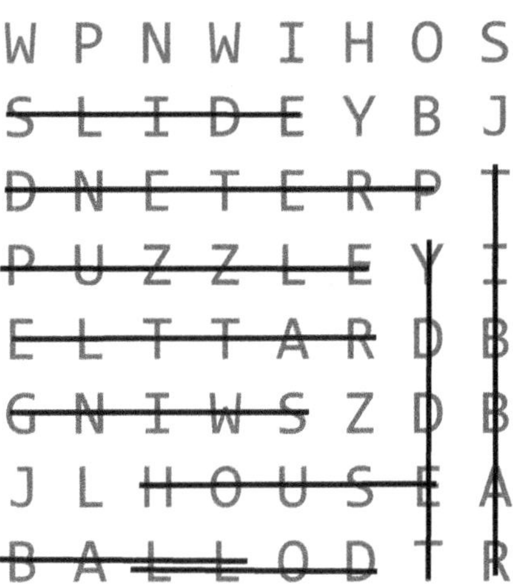

Mammals

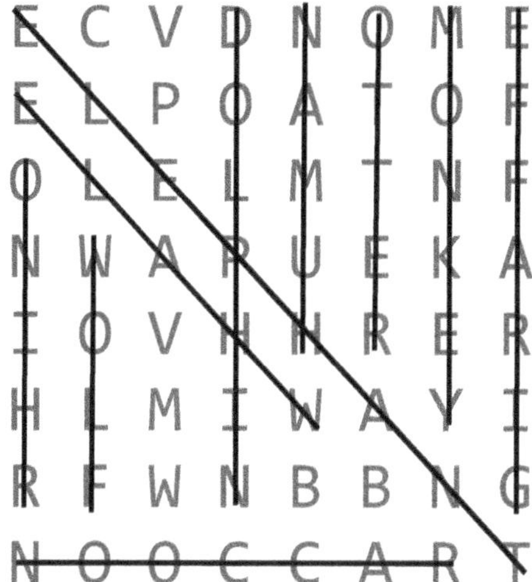

Herbs and Spices

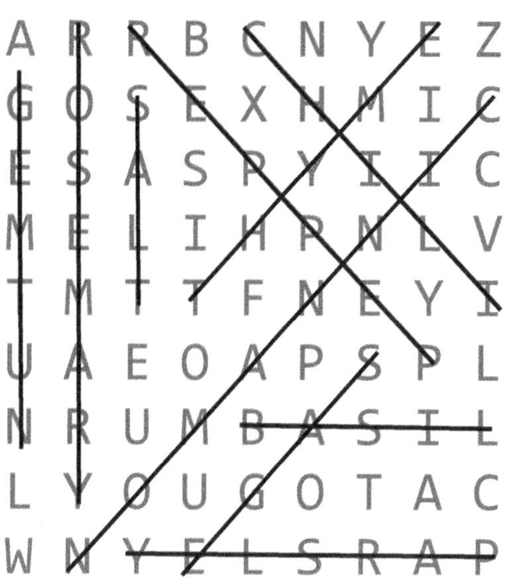

Bed Time

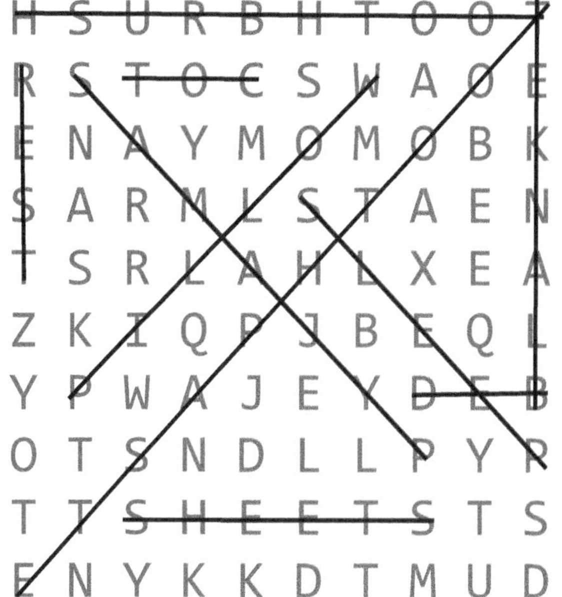

Treats

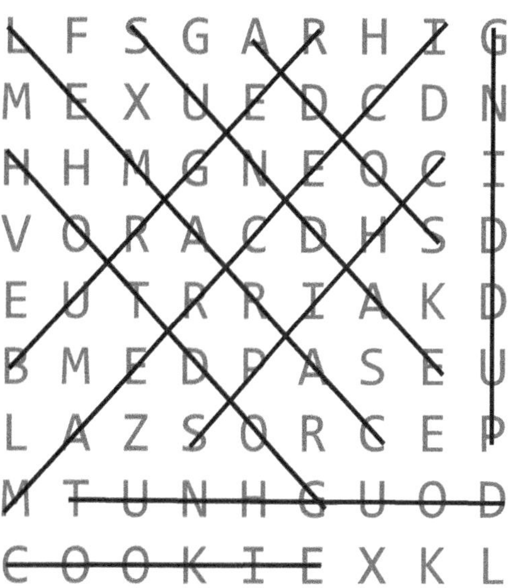

Birthdays

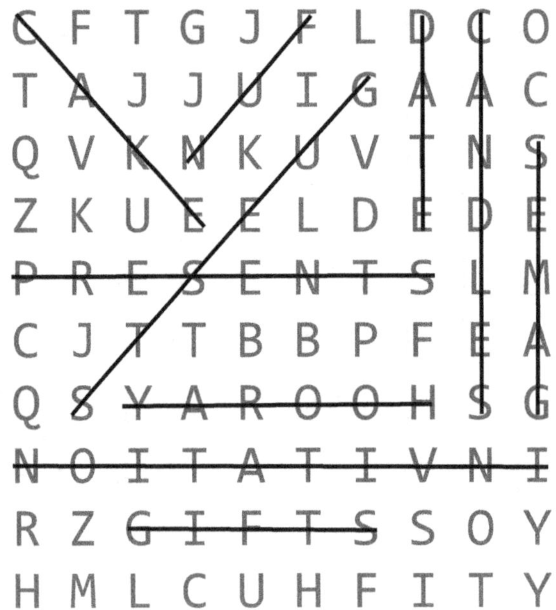

Halloween

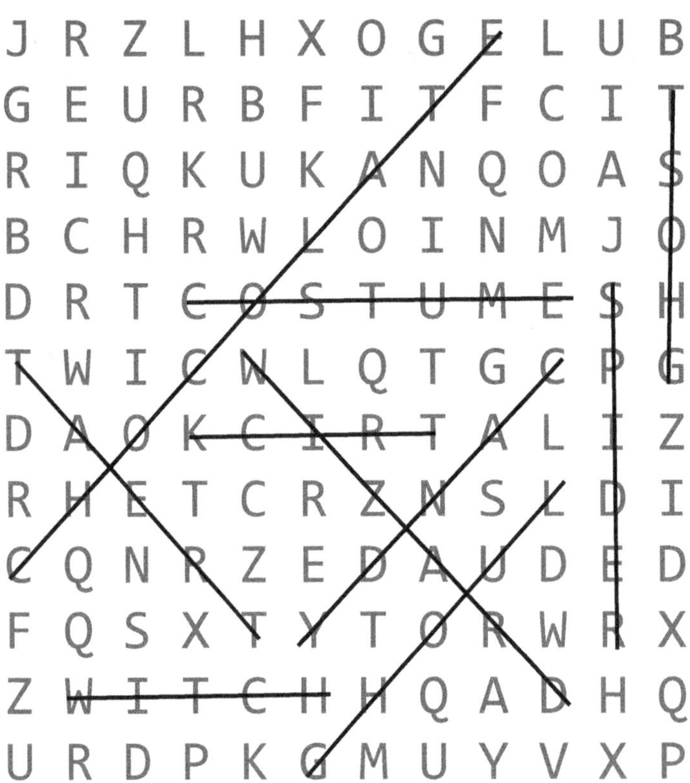